JN119558

発達障害傾向のある子どもの
居場所感と自己肯定感を育む関わり

● ● ● ● ● ● ● ● ● ● ●

角南 なおみ 著

鳥取大学CoREブックレットシリーズNo.4

イラスト：堤 晴彩

伝統の「社会貢献力と地域共創の心」で紡ぐ 新しい時代の地域へ

　地域の課題を、鳥取大学の教育と研究の力で、地域とともに解決していく―先人たちが積み上げてきたこの誇るべき伝統を礎に生まれた地域価値創造研究教育機構は、「どんな地域の課題も見逃さず、どんな困った人も置いていかない地域貢献の拠点」として、新しい時代へ向けた課題解決型研究とグローカル人材の育成・定着を行っています。

　当機構が支援する多様な教育・研究や事業の成果は、研究発表や学術論文など様々な形で公開されていますが、その成果を広く皆様の地域でも有効に活用していただけるよう、より身近で手軽なブックレットの形にしてお届けいたします。

　どこにでもありそうな地域の課題を、どこにもない特別な魅力として地域の宝に昇華させていく。鳥取大学の教職員が、そこに暮らす皆様と、関係機関と、地域一体となって協働連携して取り組んだ歩みを、皆様と共有できたら幸いです。

　今に生きる私たちの試行錯誤のひとつの解が、より良い地域を目指す皆様の羅針盤となり、少し先の未来の新しい価値創造へと繋がることを心より願っています。

　2022年3月

　　　　鳥取大学理事（地域連携担当）・副学長／
　　　　地域価値創造研究教育機構（CoRE）機構長　藪田千登世

目　次

はじめに

　本書は、これまで地域でご協力いただいた発達障害に関する研究やスクールカウンセラーとしての経験に基づき、子ども、保護者、先生それぞれの立場から発達特性を理解したうえで、特性を持つ子どもの居場所感と自己肯定感を育む関わりのヒントを提示するために執筆しました。

　障害という言葉はとても重い気がします。誰もが持っている傾向ですがその程度が高く、環境によって行動として現れる度合いが大きくなること、得意なことがたくさんあり、とても素敵な子どもさんが多いことを考えるとなおさらです。そして、"障害"と一括りにできない豊かな個性があると思います。だからといって障害特性を考慮する必要がないとはいえません。なぜなら、苦手の程度が大きい部分に対して周囲が理解し、なんらかの配慮をする必要があるからです。

　本書は子どもの立場からの理解とともに、子どもを取り巻く環境という視点も大切にして教師と保護者のそれぞれ立場からの理解を促すことを含むこれまでにない内容となっています。各立場から状況を理解することで初めてみえてくることもあると思います。このことが子どもの理解を深め、そのような理解が子どもの居場所感と自己肯定感を育むことになるでしょう。そのために、本書では「理解を深める問い」というワークを配置しました。読み進めながら、ちょっとだけ立ち止まって"これまでと違う視点"で想像していただけるとうれしいです。いろいろな見方が多面的に特性や状況を考える契機となり、それが子どもの理解に基づいた支援や関わりにつながり、さらに子どもにとっての大きな力になると考えています。なぜなら、お読みくださる方々のお力が子どもたちの大切な未来によい影響を与えてくださると思うからです。

2022年3月

筆者

第1章　発達障害とは？

1．理解と捉え方

　"発達障害"という言葉は広く知られるようになりました。知らない人はいないというくらいに。しかしながら、知っているという方の中にも、「"発達障害"という言葉は聞いたことがあるけれど、具体的にどのようなことを指すのかはよくわからない」と言われることも多くあります。"発達障害"という言葉が一人歩きしている印象を受けます。

　私はスクールカウンセラーとして、学校現場にお伺いする機会も多いですが、学校の先生方、保護者の方に発達特性[1]について子どもの立場からお話させていただくと、「そうなんですね、勉強になります」と言われることも度々あります。定義としての診断基準の項目は簡潔に書かれているのですが、そのような内容をある程度知っていることと、発達特性のみられる子どもを理解することは別だと考えています。なぜなら、子どもは発達特性があってもなくても一人ひとり違うからです。それを、落ち着きがないから"ADHD"というような捉え方は子どもを理解することとは異なり、特性分類をしているにすぎなくなってしまいます。それでは、発達特性を持つ子どもを理解するにはどうしたらよいのでしょうか。

2．よくみられる子どもの特徴

　発達特性を持つ子どもの保護者の方から、子どもの小さい頃の様子について、言葉が遅い、好きなことに夢中になると周りが見えない、あるいは元気過ぎるなど気になることはあり育てにくかったのですが、そのときは子どもってこんなものかなと思っていました、というような内容をお聞きすることがあります。本当にそうですね。なぜなら発達特性は

1　本書では、「発達障害」を医学用語として使用し、それ以外は障害というより、特性や傾向と捉え「発達特性」という言葉で表記する。

得意と苦手の差が多数の子どもより大きいということが主な課題なのですから。

　その後でお聞きすることが多いのが、どうせ治らないのなら、薬を飲ませるほどでもない、あるいは発達特性がわかったあとにどうしたらよいかわからない、というような内容です。思い切って医療受診したけれども、診断も受けずどうしたらよいのか余計わからなくなったということもあります。そのようなとき、私は眼鏡のお話をさせていただくこともあります。視力の弱い子が後ろの席からノートが取れないときに、「どうして後ろの席から黒板の字が見えないの!?」と何度言われても見えるようにはなりません。眼鏡をかけたり、席を前の方に替えてもらったりすれば以前より見えるようになり、視力が弱いことがその子の課題ではなくなっていくイメージです。でも、周囲からの理解がなく同じ注意をされ続けていると、"どうして他の子には見えるのに、自分は努力してもなかなか見えないんだろう……"と悩んでしまうかもしれません。

　それと似ている気がします。発達特性が感じられたら、その子の苦手な部分を努力によってできるようにすることも大事なのですが、それを一番大きな目標にするとできないことばかりが目立ってきます。できること得意なことを伸ばしながら、苦手なことは周囲の理解を通して環境を少しだけ整えることができれば、その子にとっても、また親子関係や教師[2]との関係にもよい影響を与える気がします。そのような理解の仕方について以降でみていきます。

　最初に、発達特性をより理解するために各特性の概要、次に医療機関と診断、最後に発達特性の理解が難しい点について実際の子どもの状態から説明します。

2　一般論を述べる場合には教師の専門性の立場から「教師」、事例や教育現場の内実に関連した内容に関しては「先生」と表記する。

3．発達障害の各特徴

　発達障害の診断の参考にされることの多いDSM-5は、米国精神医学会（2013/2014）が刊行している「精神疾患の診断・統計マニュアル（Diagnostic and Statistical Manual of Mental Disorders）」の頭文字を取った略です。2013年に改訂された第5版（以下、DSM-5）が最新版です。以下では、DSM-5を参考に各特性の特徴をみていきます。

1）注意欠如・多動性症／注意欠如・多動性障害
（Attention Deficit Hyperactivity Disorder：ADHD）

　DSM-5によると、ADHDは子どもの約5％にみられその男女比は約2：1であり、12歳以前から不注意、多動性、衝動性の傾向がみられ、2つ以上の状況（家庭、学校など）で半年以上続いていることが挙げられています。

不注意
- 集中の持続が難しい（やり遂げられないなど）
- 気が逸れやすい（失くし物や忘れ物が多いなど）
- 順序立てることが難しい（期限を守れないなど）

多動性および衝動性
- 過剰な活動性（質問が終わる前にしゃべり始める、授業中に立ち歩く、順番を待つことが難しいなど）
- じっとしていられない（手足を動かすなど）
- 見通しを持たずにその場で行われる性急な行動（飛び出し、思いつくと行動してしまう、ルールを守ることが難しいなど）

　多動性、衝動性は年齢が上がると落ち着いてくることも多いですが、不注意は年齢が上がっても低減しにくいため、さらに目に見えにくい困

難となって維持される傾向があります。

　二次障害の問題も重要です。一次障害は、発達特性そのものを指します。二次障害は、失敗体験の蓄積や自己肯定感が低下することなどにより引き起こされる二次的問題と二次的疾患が含まれます。二次的問題は環境としての対人関係のうまくいかなさ、度重なる注意や叱責などの継続的なマイナス体験の影響を多く受けていると考えられます（図1）。そのため、周囲の理解による安心できる居場所感と現状の自分を認める自己肯定感は子どもの二次障害を防ぎ、その子らしく過ごすためにとても重要です。

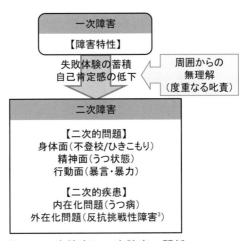

図1　一次障害と二次障害の関係

　併存症の理解も必要です。二次障害が対人関係を含めた環境との相互作用、不適応やストレスの蓄積により生じるものに対し、併存症は発達特性と合併して生じる症状といえます。発達特性を持つ子どもの中には、2つ以上の別の症状を持つこともあります。

3　反抗挑戦性障害：怒りっぽく親や教師などの目上の人に対し否定的、反抗的な態度を継続的に繰り返す状態。

表1　ADHDの二次障害と併存症

二次障害	併存症
【二次的問題】 ・身体面（頭痛、食欲不振、不眠など） ・精神面（不安、抑うつ、不登校、引きこもりなど） ・行動面（暴言・暴力、自傷行為など） 【二次的疾患】 ・内在化問題（うつ病など） ・外在化問題（反抗挑戦性障害など）	・自閉スペクトラム症（ASD） ・限局性学習症（SLD） ・うつ病、不安障害 ・気分障害（易怒性、不耐性など） ・素行症 ・反抗挑戦性障害 ・強迫症 ・チック症群

　併存症の中には複数の発達特性が含まれることもあります（図2）。

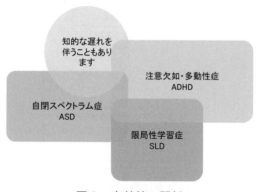

図2　各特性の関係
（厚生労働省：2008を改変）

　ADHDという特徴に加え、子どもを理解するときに二次障害や併存症に近い様子がみられないかも気にかける必要があるでしょう。

2）自閉スペクトラム症／自閉症スペクトラム障害
（Autism Spectrum Disorder：ASD）

　以前の「自閉症」「高機能自閉症」「アスペルガー症候群」を総称して
DSM-5では自閉スペクトラム症／自閉症スペクトラム障害（以下、ASD）
としてまとめられました。特徴としては、大きく2つに分けられます。
　・社会的コミュニケーションおよび対人的相互反応の困難
　・行動や興味や活動の限局された反復的なパターン

　以下で具体的な内容を説明します。

社会的コミュニケーションおよび対人的相互反応の困難
　・相互の対人的―情緒的な関係を形成すること（自然に話しかけた
　　り、やり取りすること）が難しい
　・やり取りの中で非言語的コミュニケーション（身振りや手振り）を
　　使うことが難しい
　・関係性を理解し発展させていくこと（想像上の見立て遊びを含む）
　　が難しい

　ASDの現われ方が子どもによってかなり異なっていると感じたこと
はないでしょうか。一見違うタイプの特徴をわかりやすく整理するため
に、以下の分類も参考までに提示します。

　対人関係の4つのタイプ
　・孤立してしまうタイプ（孤立型）
　・周囲の関わりを受け入れるタイプ（受動型）
　・積極的に関わるタイプ（積極・奇異型）
　・過度に仰々しい態度で関わるタイプ（形式ばった大仰な型）

行動や興味や活動の限定された反復的なパターン
  ・同じ行動や言葉の繰り返しや独特な言い回し
  ・同じ様式へのこだわり
  ・限定／固執された興味
  ・音や光、感触などの感覚刺激に対する過敏または鈍麻

　ASDを持つ子どもの中にみられる傾向がある状態を以下に示します（表2）。

表2　ASDの二次障害と併存症

二次障害	併存症
【二次的問題】 ・身体面（頭痛、腹痛、食欲不振、チックなど） ・精神面（不安、抑うつ、不登校、引きこもりなど） ・行動面（暴言・暴力など） 【二次的疾患】 ・パニック障害 ・対人恐怖症	・注意欠如／多動性症（ADHD） ・限局性学習症（SLD） ・うつ病、不安障害 ・発達性協調運動症[4]（不器用） ・てんかん ・睡眠障害 ・回避的―限定的摂食障害[5]（食へのこだわり）

3）限局性学習症／限局性学習障害（Specific Learning Disorder：SLD）

　知的な遅れがないにもかかわらず、基本的学業技能を獲得することの困難さを指します。その中に、読字（文字を読むことの困難）、書字（文字を書くことの困難）、算数（計算や数学的な推論の困難）があります。以降では、限局性学習障害を従来の呼び方である学習障害（Learning Disorder）の略であるLDと表記します。

4　発達性協調運動症：身体機能に問題がないにも関わらず、細かい手作業や縄跳びなどの手足を連動させる運動に過度に困難さが見られる状態。
5　回避的―限定的摂食障害：極端で狭い食事の嗜好が持続する状態。

読字（正確さ、流暢性、読解力）の困難

・形の似た字を間違える
・文字を一つひとつ拾って読むという逐次読みや、単語あるいは文節の途中で区切って読む
・読んでいる内容の意味を理解することが難しい

書字（綴字、文法と句読点、明確さと構成力）の困難

・文字を左右逆さに書いてしまう
・漢字を部分的に間違う
・考えを字として正確に書けない

算数（数の感覚、計算の正確さ、数学的推理）の困難

・数字の概念が理解できない
・簡単な計算ができない
・数学的推理が正確にできない

　LDを持つ子どもの中にみられる傾向がある状態を以下に示します（表3）。

表3　LDの二次障害と併存症

二次障害	併存症
【二次的問題】 ・精神面（抑うつ、意欲の著しい低下、不登校、引きこもりなど）	・注意欠如／多動性症（ADHD） ・自閉スペクトラム症（ASD） ・コミュニケーション症 ・発達性協調運動症 ・うつ病、不安障害 ・双極性障害

4．医療受診と服薬

　このような発達特性が継続してみられる場合、どのように診断が確定されるのでしょうか。

チェックリストの意義

　チェックリストを使って特性の一部を測ることをアセスメントやスクリーニングと呼ぶことがあります。これは簡便に行うことができますが、発達特性の診断は医師が行います。

　文部科学省（2002）が作成した、教師が記述し子どもの苦手領域を測る「児童生徒理解に関するチェック・リスト」は、発達障害の特性を分類するものではなく、「児童生徒理解」を目的としています。また、チェックリストは主に行動をみています。情報処理の過程や困り感などは含まれないため、点数だけで測ることができる内容は限られています。WISC-Ⅳ（後述）などの心理検査は情報処理の過程や認知傾向を測ることはできますが、1つの検査のみで発達特性の診断が行われることはほとんどありません。

　では、どのように診断が確定されるのかについての主な内容を以下にみていきましょう。

診断までの流れ

　診断は医療機関を受診し、医師による子どもや保護者への問診、場合により教師への聞き取り、その他チェックリストや質問紙検査、心理検査などいくつかの検査を実施した結果を参考にして総合的に行われます。

問診

　例えば、問診では以下のような内容を聞かれることも多いでしょう。
【保護者に対して】
・幼少期からの子どもの発達に関する様子

・現在の困り感やその状況（家庭、保育所、学校、学童保育など複数
　の場面での様子や苦手なことを含む）
【子どもに対して】
・現在の困り感や苦手なこと
・学校での様子（学習、友だち、給食、気温や感覚、こだわり、好き
　嫌いなど）

　このような内容や行動観察などを踏まえて医学的判断に基づき、診断
の有無や医師の所見が伝えられます。ただし、子どもの状況に応じて、
早い時期に診断を受ける場合や少し様子をみる場合があるようです。

薬の配慮

　薬は、発達障害のうちADHD特性が顕著に現われ日常の困難感が大き
い場合に処方されることが多いようです。ADHDにおいて処方される主
な薬に関する内容を表4に示しました。服薬の効果として行動や気持ち
を落ち着かせたり、集中力を高めたりしますが、副反応が生じることも
あります。そのため、服薬を始めた場合は保護者と教師が子どもの様子
を共有することで、家と学校の両方における子どもの変化に気づくこと

表4　ADHDにおいて処方される主な薬

(角南、2020より抜粋)

	コンサータ	ストラテラ	インチュニブ	ビバンセ
発売年	2007年	2009年	2017年	2019年
剤型	錠剤	カプセル、内服液	錠剤	カプセル
効果の発現	即効性	2週間	1〜2週間	即効性
効果の持続	約12時間	終日	終日	約12時間
服薬回数	1日1回（朝）	1日2回（朝・夕）	1日1回（朝）	1日1回（朝）
副作用	食欲減退・不眠・体重減少・チック等	頭痛・食欲減退・傾眠等	傾眠・血圧低下・頭痛等	食欲減退・不眠・体重減少・頭痛等

ができます。例えば、食欲が減っているときには給食の量を減らしたり、頭痛が生じたときには保健室と連携したり、眠気がある場合には声かけをしながら様子をみることも必要かもしれません。

　保護者には、服薬に対し肯定的／否定的両方の立場があります。肯定的な思いであっても薬の作用と副反応はとても気になりますし、否定的な思いを持ちながら服薬させている場合はなおさらです。

　"お薬を飲み始めたけど、学校ではどうなのかしら。家ではそんなに変わった様子はないけど……"

　"副反応が強ければ／効き目がなければ、やめた方がいいかも……"

などもお聞きします。薬を飲み始めると、飲み忘れにも注意しなければいけないですし、定期的に医療機関にも通わなければなりません。

　保護者は、子どもが家でリラックスして好きなことをしている時間には日常生活で困っておらず、学校生活をよりよいものにするため服薬を開始する場合が多いこと、それに伴う負担を考えると、教師からの連絡は大切だと感じます。具体的には、保護者に対し折に触れ薬の助けを借りて子どもが努力している様子などを伝えることや、場合により薬の副反応に伴う保護者の不安な思いを聞くことも含まれます。それにより、保護者の気がかりに寄り添うことができると思います。また、保護者は教師から聞いた状況を次の受診時に医師に伝えることで薬の量や種類の調整を検討することができるでしょう。子どものために、教師と保護者の連携はここでも重要になってきます。

WISC-IVの簡単な見方

　ウィスク・フォーと読みます。検査の名称を聞いたことがある方は多いと思いますが、以下に解釈の簡単な見方を説明します。

　この検査は総合的な能力（全IQ）と４つの群指数（言語理解、知覚推理、ワーキングメモリー、処理速度）から認知を測っています（表5）。

　得意と苦手な領域がある程度わかった場合、苦手領域に対して子どもの様子をみながら子どもに合った声かけや方法を考える１つの手立てと

表5　WISC-IVの群指数と解釈

群指数	解釈
言語理解（VCI）	言語的な理解や言葉を使った推論能力
知覚推理（PRI）	目で見た情報の推論や課題処理能力
ワーキングメモリー（WMI）	聞いた情報を一時的にとどめ、その情報を操作する能力
処理速度（PSI）	単純な視覚情報を素早く処理、識別する能力

なります。例えば、知覚推理（PRI）が他の群指数と比べて低い場合、「目で見た情報の処理能力」が苦手であることから、目で見るだけでなく言葉での説明もあるとよりよいということになります。処理速度（PSI）が低い場合は、あらかじめ活動の流れを簡潔に説明したり、取り組みにかける時間を少し増やすことが有効な場合もあります。

　難しいところなのですが、医療機関は教育的配慮に関する個別対応を具体的に提示するのは難しいため、教師がその子に合った方法を「個別の支援計画」などを利用し試行錯誤しながら少しずつ蓄積していくことが必要になると思います。これらは1対1のような対応ではなく、つまりこれをしたら必ずうまくいくということはなく、子どもを取り巻く状況やそのときの子どもの状態、発達段階などもあるので、学級の中で様子をみながら、あるいは子どもと相談しながら進められるとよいと考えています。

教師の医療受診への期待

　筆者が以前行ったアンケート調査から得られた教師の医療受診に対する期待（角南、2017）と、カウンセリングで聞いた保護者の期待の概要を示します。

　アンケートでは、教師の約90.3％がよい方法があれば医師と連携を取りたいと希望していました。このことは、せっかく医療受診したのであれば子どものために少しでも有益な助言を医師から得たいという表れだと思います。具体的には、学校で特に気を付けること、特性に合わせた

具体的対応、問題行動への対応、家庭や学校で行える取り組みなどが挙げられていました。教師は、現在の子どもの状況を改善するために、または今後のことを考えて、医療機関を紹介する場合が多いと感じています。ただし、医療機関を紹介したことで、保護者と教師の関係性が崩れることもあるので、保護者の状況を考慮した丁寧なやり取りが必要になります。

　以下に、保護者の立場からの意見をまとめました。

保護者の医療受診への期待

　受診をした動機を以下３点にまとめました。

　①発達障害でないことを確認したい

　②他者から受診を勧められて仕方なく行った

　③特性があるのなら早いうちに知って、子どもの今後のためにできる
　　ことをしたい

　という内容をお聞きします。これまでの筆者の経験としての割合は、②が多かったです。仕方なく受診して診断を受けなかった場合、紹介者への反発や不信感が募る印象があります。③の場合は、以前から発達の偏りを感じている方が多い気がします。保護者の状態や気づきの段階に応じた声かけが必要となる所以です。

５．可能性の段階からの支援の必要性

　診断を受けていない段階から支援をする必要はありますか？という質問を教師から受けることもあります。文部科学省（2017）は、「医学的診断の確定にこだわらず、常に教育的ニーズを把握しそれに対応した指導等を行う必要がある」という言葉で推奨しています。そして、私も特性傾向があれば一定の支援が必要だとこれまでの経験から思っています。なぜなら、発達特性の課題は脳機能に由来するため、本人の努力だけでは改善は難しいこと、一定数の子どもは二次障害（第１章、３）やその後の学校生活や社会生活において不適応が生じる割合が高くなるといわ

れているからです。神尾（2017）は、診断を受けていない子どもはそれを受けている子どもと同じくらいの困難感を抱えており、社会に出てから困難が生じる可能性について指摘しています。

　筆者のカウンセリング経験でも、例えば大学生くらいになってくると自分の考えが固まってきて、他者の考えを受け入れることが難しくなってくるようです。カウンセリングで一緒にいろいろな状況を見つめ直し、検討を重ねていくごとに少しずつ多様な理解が進んでいくことが多いですが、個別の対応に加えかなりの時間を要します。その間、本人も辛い状況が続きますし、周囲も対応に困る場合も多くあります。

可能性の段階における支援

　診断を受けていない可能性の段階の子どもに対する支援を考える前に、以下の問いについて一度想像してみてください。

＊＊＊理解を深める問い＊＊＊

　診断を受けていなくて、保護者が発達特性の傾向を理解していない場合に、どのような支援があるとよいでしょうか。

　正解はないのですが、座席の配慮や指示の出し方などに加え、私個人的には特性を含めたその子の"理解"をしていくことも大切な支援の1つではないかと思っています。具体的な支援ももちろん重要ですが、行事や授業進行、準備、学級の状態も含めてすぐには取り組めないこともいくつもあるでしょう。しかしながら、医療受診や診断を受ける前に、また支援の体制や方法を検討する前にできることとして、この"理解"があると感じています。これはスクールカウンセラーとしての実感でもあります。これまで発達特性を持つ子どもから直接話を聴き心理面を理

解したうえで、私の解釈を先生方や保護者の方にお伝えし、また日頃の子どもの様子および保護者の方、先生方の取り組みを教えていただきながらともに検討する過程で、少しずつ子どもに変化がみられることが多くありました。

理解のあとに

「理解して、その後何をしたらいいですか？」

この疑問はもっともだと思います。特に学校現場は子どもを教育する場ですし、教育には指導と必要に応じた支援が求められます。そして、子どもの行動変容が教育成果の大きな指標となる場所です。先生方のお話を聞くたびに「子どものために何ができるのか」ということを考えておられることに頭が下がります。そうなると、このような問いが生まれるのは当然ともいえます。この問いに対する私の回答は

「まずはそれだけで十分です」

？？？マークが頭に思い浮かぶ方もおられるかもしれませんね。でも、最も大切な第一段階が"理解"するということだと思っています。そもそもですが、スクールカウンセラーや心理の専門家は何をするのでしょうか。

以前、学生に言われたことがあります。「角南先生は医者じゃないから、診断を下したり薬を出すわけでもないし、ただ話を聴くだけですよね？それで何ができるんですか？」。この問いに対する私の考えは、

「なにもできません」

になります。なぜなら、現状を変えるのは私の力ではなく、お話をしている方ご自身の力によるものだと思っているからです。つまり、カウンセラーは相談者を変えるのではなく、その方が自ら変化するのを側で理解し寄り添う役目だと考えています。持っていない力を他者が引き出すことはできません。もともと持っている力を引き出すには、「自分は何をやってもダメだ」と思っている間は難しいような気がします。だからこそ、周囲の理解が大切になるのです。

子どもの特性を含めた理解をすることで、さらにいえば、子どもが「こんな状態の自分をわかってもらえた」と思えることで、現状を受け止め、自身の力を引き出すことができるようになると考えています。

　以下では、発達特性を持つ子どもの理解について、医学的定義は明確にも関わらず、なぜそれが難しいのかを考えてみたいと思います。

６．発達特性の理解の難しさ

　これまで概要を説明しましたので、今度は角南（2020）を参考に学校現場における子どもの発達特性理解の難しさとして、
　１．外からは見えにくい
　２．得意と不得意の差が大きい
　３．一人ひとり特徴が違う
という３つの点からお伝えします。

１）外からは見えにくい

　発達特性の要因はどこにあるのでしょうか。その１つは脳機能にあるといわれています。では、脳のどの部分に？どのようにわかるの？という疑問が湧いてきますが、それはまだ解明途中のようです。遺伝子マーカーレベルでの判別には至っていないというのが現状です。

遺伝と環境の相互作用

　現在有力な説として、遺伝と環境との相互作用による多因子疾患説が提唱されています。例えば、同じような遺伝的要因を持つ場合でも、今ある環境がその子に適していないときに、発達特性が行動としてより顕著に現れるという考え方です。家庭や保育所、幼稚園、学校などの環境がその対象となりますが、どの子であっても完璧な環境はありません。また、対人関係や状況を含む環境は変化するだけでなく、捉え方によっても変わります。

例えば、進級してから学校で落ち着かない発達特性傾向のある子どもがいたとします。昨年度も気になる様子はいくつもありましたが、担任は特別な支援が必要とまでは感じていませんでした。保護者は、新しい担任から最近の落ち着かない様子を伝えられいろいろ考えます。"どうして急に落ち着かなくなったんだろう、学級は変わったけど仲良しのお友だちもいるし、先生も気にかけてくださっているようだし……"。

　実は、お友だちと先生以外、4月に変わったことは意外とたくさんあると思います。学級の場所、教室の掲示物、座席、教室からみえる景色、体育館、音楽室、理科室、家庭科室、トイレ等への通路、行き慣れていた児童玄関から教室までの道順。そして、学級や学年での並び方、掃除場所、授業内容、教科書、ノート……。数えたら切りがないくらいです。同じ学校で学年が上がっただけ、という単純な状況ではない気がします。さらに、学校全体のそわそわした雰囲気……。3月の教職員の異動によって、大好きだった先生がいなくなってしまうこともあります。

　もちろん、先生や友だちの相性もありますし、本人にしか感じられないいくつもの環境の変化によって、落ち着かなさが生じている可能性もあります。環境について早急に要因を限定できない場合もあるので、多方面から少しずつ慣れる様子を確認しながら検討していくことも大切なのではと思っています。環境との相互作用に関して、感覚的なところも大きく、本人自身でさえ気づかず言葉にできない場合もあるようです。

周りから理解されにくい

　発達特性の傾向は脳の中にあり、外から見えません。そのうえ、学習に遅れがないことも多いので、子どもを見てすぐわかるような著しい特徴はありません。図3に示したように、先天性の病理群の場合、出生後すぐにわかる場合が多く、保護者は出生段階から子どもの疾患を知りショックを受けながらも時間の経過とともに少しずつ受け入れざるを得ない状況が生じると思われます。一方、発達特性の場合、気づかれるのが保育所での集団生活や学校での学習活動が始まってからということも

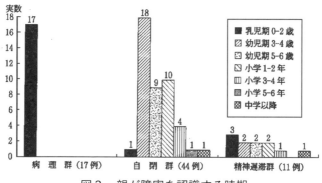

図3　親が障害を認識する時期

（中田：1995より引用）

少なくありません。上述したように、得意なことも多いため、少し気になることがあったとしても、"そのうち追いつくはず" と様子をみることも多くなると思います。その期間、発達特性に気づくのが遅くなる場合もあるでしょう。気づき、少しずつ受け入れ、その次に対応に進むとしたら、その間は子どもが苦手な部分について他の子どもたちと同じようにできるために保護者や教師が一生懸命になり、大人も子どもも辛い状況になってしまうこともあるようです。

2）得意と不得意の差が大きい

　得意なことがあるということは誰にとっても素晴らしいことですが、それにより周囲の理解が進まず、本人の悩みが生じる場合があります。

これだけできるのに

　具体的には、

　「これだけできるのに、どうしてこんな簡単なことが何度言ってもできないの？」

　「理解もできてるのに、どうしてやらないの？」

　「知識もたくさん持っていて説明も上手なのに、どうしてもう少し相手の気持ちを考えられないの？」

度重なると大人の側には苛立ちが募ってきます。なぜなら、

　"得意なことが多いから"

です。
　周囲から当初理解されにくい要因の１つが、この「できる」という得意な部分と、「どうしてこんなこともできないの？」という不得意な部分のギャップだと感じます。一方、本人も「どうしてできないんだろう……」と思っていることも多いようです。そして、この得意と不得意の差が大きいことこそ、発達特性だと考えられます。

＊＊＊理解を深める問い＊＊＊
　発達傾向が脳機能によるものである場合、「治す」「苦手なことも他の子と同じようにできる」こと以外に別の考え方ができるとすれば、どのような内容が思い浮かぶでしょうか。

3）一人ひとり違う

　学校現場における教師の悩みの１つに、発達特性のある子どもの対応が難しいということがあります。具体的には、個別に関わって丁寧に声かけや指導をすると、理解したり取り組んだりできるのに、集団の中での一斉指導だと難しいというものです（後述：第４章、１−２）。
　一方、教師は経験を重ねるごとに、専門性の熟達化が進むことが示されています（秋田、佐藤、岩川、1991）。それでは、経験を重ねた教師は発達特性を持つ子どもへの対応も容易になってくるのでしょうか。実は、そうとはいえない現状があるようです（角南、2022）（後述：第４章、１）。ある程度のことであれば年齢を重ねるごとに経験も増えて対

24

応しやすくなりますが、筆者の研究で教師からよく聞かれた言葉の1つ
が、先述した

　　「（子どもは）一人ひとり違う」

でした。同じ学級に二人の子どもがいて同じADHDの診断を受けてい
て、同じ場面にいる場合でも、二人の子どもたちの言動は同じではあり
ません。性格も好みも考え方も価値観も家庭環境も養育歴もすべて違い
ます。特性があってもなくても同じで、一人ひとり違います。そうなる
と、対応も一通りではなく状況に応じて変えていかなければなりません。
ただし、学級には多くの子どもが在籍しているため、一人だけ側に寄り
添って長い時間関わるわけにもいきません。
　このような現状を踏まえて、子どもの理解に基づいた関わりを考える
にあたり、以下で学校現場における事例から検討したいと思います。

第2章　事例から学ぶ（1）：
　　　発達特性のある子どもを理解する

子どもの視点

　発達特性のある子どもは大きな問題行動がみられない場合、一人で悩んでいたり、周囲がわからないこともあります。問題行動がみられる場合は、家でも学校でも叱責や指導を受けることが多く本人はいろいろな悩みを抱えています。

　例えば、発達特性があり学習や集団活動で課題や不適応があった場合、最初本人はその状況を改善しようと努力したとしても発達特性により継続的な改善が難しい状況が多々あるでしょう。その場合、さらに周囲からの指導や注意が行われることが多く、それが積み重なると失敗体験が蓄積され、自己肯定感が低下するという状態になってしまいます。その程度が大きいと二次的な問題や疾患へと至る可能性が出てきます（第1章、3）。ただし、周囲の大人も何度言ってもできない、伝わらないようにみえる状態に無力感や苛立ちを感じることもあり、子どもと大人にとって状況だけでなく関係性も悪循環に陥ってしまいます。

１．事例１　ADHD傾向のある小１　Aくん

> 現在小１のAくんは、保育所でじっとできず立ち歩き、活動に取り組めない状態で、４歳の時にADHDの診断を受けました。保育所では、担任と支援の先生が連携して促しなんとか活動に参加していました。

事例概要（保育所当時）

　Aくんは保育所でじっとできず、座って作業することが苦手でした。先生が説明する途中で席を立ち、大きな声でしゃべりながら絵本や道具を見に行き、場合によっては先生が説明しているものを取って使おうとします。Aくんは身軽で、興味を持ったものにすぐに近づき、手で触っ

たり、動かしたりします。クラス全体での活動が苦手で、担任が声をかけても別の場所に行ってしまい、他のクラスの活動を見たりしています。一方、自分の好きなことに熱中すると、なかなか次の活動に移ることができません。

　クラスでは担任と支援の先生が連携して関わっていました。Aくんに着席して話を聞くように伝えたり、現在の活動に興味を持たせるような声かけをしたり、教室から飛び出すと支援の先生が追いかけ教室に戻るよう促します。お友だちはAくんの様子を見ていますが、同じようにする子はおらず自分たちの活動を続けています。ですが、先生方はAくんのことをよく目で追っている数名の子どものことも気になっています。

　Aくんの素敵なところの1つは、友だちの嫌がることを言ったりしたりしないため、友だちとのトラブルがあまりなく休憩時間や自由活動のときは楽しそうにしていることです。活動に最後まで入らなったAくんは、自分から教室を出て行ったにもかかわらず、戻ってきたときに「さっきの○○がやりたかった……」ということもあり、先生方はAくんが活動に入れるよう丁寧に促しています。

＊＊＊理解を深める問い＊＊＊
　Aくんは、どうしてこのような行動をすると考えられるでしょうか。

特性理解
　実は、これこそAくんの特性であるといえます。具体的には、「じっとできず、ついつい動いて／しゃべってしまう」ことは、衝動性の一部と考えられます。Aくんの気持ちを推測するとしたら「うわ～！こんな面白いものがある！みてみて!!!」という感じでしょうか。最初はただ目の前のものに集中するイメージです。そのような思いは誰でももちろんあ

りますが、たいていは頭の中の吹き出しとして声にならないことが多い
と思います。それがAくんの場合は抑えられず声になって出てしまう、
という感じです。しかも、クラス中に聞こえるような大きな声で。声の
コントロール調整の難しさもADHDの衝動性に関連していると考えら
れます。意識して小さな声で話し続けるのは難しく、思ったこと（他者
と共有したい気持ちが強い場合も多い）をついつい話してしまうと結果
的にこのような状況になってしまいます。一方で先生の話を聞いていな
くて、これからすることがわからずフラフラと出て行ってしまう可能性
も考えられます。じっとして集中して話を聞くということが苦手なのは、
やはり特性に関連しているといえます。行動療法の観点からは、このよ
うな行動の結果として、先生や友だちからの注意や視線が結果的に“注
目”を得ることにつながり、同じ行動を繰り返す無意識の動機となって
いるという見方もできます。

　年齢が上がるほど、活動が円滑に取り組めないことに対し他の子ども
との差が広がってしまいます。さらに、一般的には5歳児後半の小学校
入学を見据えた活動が増えるにつれ、活動に参加させるための注意や声
かけを受ける回数が多くなると思われます。

＊＊＊理解を深める問い＊＊＊
　注意を受けたときのAくんはどのような思いか想像してみてくださ
い。

Aくんの視点
　例えば……、Aくんがなにかに集中／気を取られているときにはほと
んど大人の声が聞こえていない可能性があります。次に、「今これ見て
る／してるのに！」くらいでしょうか。その後、時間が経過してできな

かったことを目の当たりにしたときに、「あー、またやってしまった！」「ぼくもやりたかったのに……」などと感じるかもしれません。

　身体が勝手に動き、何度も注意され、さらに先生の声も聞こえず自分の好きなことを継続していまい、再び注意を受けてしまう……。一通り行動したあとに、自分の行動の結果に気づく……。

　年齢が上がるにつれて、大人の注意に対し「またか、うるさいな……」などと感じると、次第に反抗的な態度になっていきます。先生たちは、Aくんが一緒に活動できるようにと考えて声をかけていますが、度重なるにつれAくんにとっては「うるさく言われる」「自分ばかり注意される」などと感じるかもしれません。幼少期についてADHD特性のある学生のほとんどが、「小さい頃からいつも注意されていました」と教えてくれます。そのくらい、発達特性のある子どもさんにとっては家や保育所、学校など“どこでも、いつも”と感じるほど多くの注意を受けてしまうようです。

２．事例２　ASD傾向のある小５ Bくん

> Bくんは、以前からこだわりが強く友だちとの関わりも難しく、小１の時にASDの診断を受けました。現在小５ですが、班の形を作る時に隣の班の子から窓側に寄ってほしいと頼まれ即座に２回断りました。

事例概要

　小５の授業に参加したときのことです。私は学級の前にある黒板から一番遠い後ろの場所で授業を見ていました（図４）。次は道徳の授業です。道徳は話し合いを中心に進めるため先生の指示で、それまで黒板の方に机を向けていた子どもたちは、班の形に移動することになりました。先生から一番遠い、しかし私のすぐ目の前で小さないざこざが起こっていました。

「もう少し窓側に寄ってよ……」

　教室の半分から後ろの方で４つのグループが向かい合わせになる班の形になっていたのですが、間に挟まれた班の子どもたちの場所が狭く２名の子どもは机を入れることができません（図４）。このようにBくんに訴えたのは、机を入れられないDさんでした。私の目から見ても窓側の班であるBくんたちは明らかに真ん中に寄っていました。Dさんは困って、すぐ近くにいたBくんに訴えたのです。先生の「早く班の形になって」という声も聞こえています。

　Bくんが即座に返した答えは「いやだよ！」でした。もう一度Dさんは「え？少しでいいから窓側に移動してよ……」と言いましたが、Bくんは「なんでこっちに言ってくるんだよ、向こうの班に言えばいいでしょ！」と断りました。小さな声で「なんで……。こっちに寄ってるくせに……」

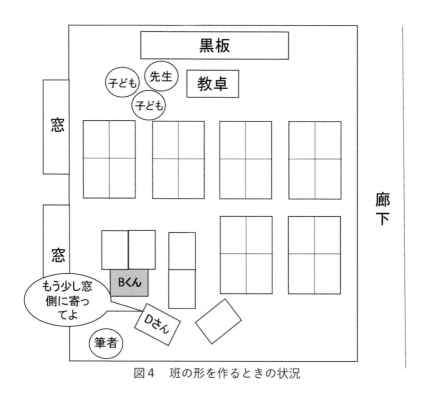

図４　班の形を作るときの状況

と言いながら諦めたDさんは、廊下側の2つ班に移動を頼みました。廊下側の班の子どもたちは一瞬「なぜ、窓側の班が真ん中に寄っているのに自分たちが狭い場所に移動しないといけないの？」という感じで黙っていましたが、窓側の班を見るとなにか理解したようで、何も言わずにぎりぎりまで壁側に移動しました。

　後ろの班は明らかに4班とも廊下側に寄っていましたが、先生は黒板の近くで授業の準備と子どもの対応に忙しく、このやり取りを見ていませんでした。

Bくんの様子

　あとで担任と話をする機会があり、上記の内容をDさんとBくんの両方の立場から（以下に詳述）伝えると、最近のBくんの様子を話してくれました。

　先生：この前は図工で出たごみを足で隣の友だちの方に押しやり、結局隣の席の子がBくんのごみを片付けた、とそれを見ていた子が後で教えてくれました。トラブルも結構あるのですが、友だちの気持ちがわかりにくいところからきているようです。今はクラスの子どもたちに理解があって周りはあまり気にしていないようですが、この先中学、高校と進む中で周囲の理解が得られていくのかを心配しています。折に触れて保護者さんにもお伝えしていますが、学校での様子をみているわけではないのでどこまで理解されているかわかりません。あまり理解されていない場合は、これからどうやって伝えていったらよいのか悩みます……。

　ここで、班活動のときの状況をそれぞれの立場から考えてみたいと思います。

Dさんの視点

　Dさん：「窓側に寄って」といえば、間に机が入らない状況をBくんが理解してすぐ移動してくれるはずと思ったのではないでしょうか。なぜ

なら、廊下側の班は黒板側の班と平行でいつも通りの場所と思われ、すでに狭くなっているうえ、2つの班だと8人移動しなければならないこと、Bくんの班は窓側にスペースがあり、しかも3人なのでBくんたちが移動する方が早く、場所的にも移動は当然だといえます。でも、Bくんは即座に2回とも断りました。Dさんの気持ちは、小さなつぶやきに表れています。「なんで……。こっちに寄ってるくせに……」。納得いかない思いと不満が感じ取れます。でもその後反論はしませんでした。もしかしたら、言っても仕方ない、わかってもらえないと諦めたのかもしれません。些細な出来事ですが、周囲からすると当然と思われる場所移動をBくんが拒んだために、他の子どもの小さな不満のうえに何事もなく済んだという状況に見えました。

＊＊＊理解を深める問い＊＊＊
　Bくんのこのときの考えや気持ちをその理由とともに想像してみてください。

特性理解
　Bくんはどのような考えと気持ちだったのでしょうか。おそらくという推測になりますが、Dさんがなぜ席の移動を頼んだのかその理由がわからなかったのだと思います。つまり、Dさんがそのようなことを頼むには理由があるのですが、その理由をDさんの立場に立って推測することができなかったのでしょう。同時に、Dさんの班が入れない状況を見ても、Bくんの班が窓側に寄る理由が納得できなかったのではないでしょうか。なぜなら、相手の意図を探ることが難しく、その場合同時に状況の把握も難しいと考えられるからです。これらの難しさ＝苦手さこそが、Bくんの特性といえると思います。全体の状況を把握し、だれが移動し

たら一番うまくいくのかといった状況判断と、このような状況でBくんが断ったら周りの子どもが迷惑すること、自分勝手な人だと思われるというような他者視点による理解が難しいのです。

Bくんの視点

　一方、多くの子どもからすると、「Bくんの班が真ん中に寄ってる」し、「3人班なのだから移動も早くできる」のです。このような相手の意図に沿った全体的な状況判断が難しいと考えられます。それらを念頭に置くことができなければ、Bくんから見た状況は

　「何言ってるの？もうこっちはちゃんと班になっているのに！　同じ頼むなら、こっちじゃなくて向こうの班に頼めばいいでしょ!?　なんでこっちばっかり！」

　というような考えになってしまうのではないでしょうか。Dさんがなんの「意図」もなく、どちらかの班が移動しないといけない状況に対し、「自分ばかりに何度も言ってきた！」となってしまいます。この状況を一瞬で理解するにあたり、次のような流れがあると思いました。

　①Dさんが頼んできたのはなにか意図がある／困っているからである。
　②全体の場所の状況から自分たちの班が中心に寄っている。
　③廊下側の班は8人ですでに移動する場所があまりない。
　④Dさんが班の形になるには自分たちの班が少し移動したらよい。
　⑤だからDさんは近くにいる自分に頼んだのだろう。

　すぐに移動するには、この流れを一瞬で把握する必要があります。①を意識できていない場合、②〜⑤までをすぐに把握することは困難だと思われます。実際、Bくんに難しかったのでしょう。

　そうなるとBくんにとって、人（Bくん）の気持ちがわからないのは、むしろDさんの方なのです。だから、即座に断ったのではないかと感じました。

このような小さな行き違いが重なると、Bくんは周りの"わがまま"や"一方的な注意"を受け、ストレスが溜まっていくと考えられます。一方、周りの子からするとこのような状況の蓄積により「Bくんは人の気持ちのわからない自分勝手な人」というイメージが強くなり、小さな溝が徐々にできていくのではないか、とその場の出来事を偶然見ていた私は少し心配になりました。

　この状況を先生は見ていなかったのですが、Bくんのようなトラブルが生じる場合は、「Bくんは自分勝手」というより「状況がよくわかっていない」可能性を考慮し、最初は丁寧に説明することから始めるとよいかもしれません。私としては、この状況におけるBくんへのこのような先生の理解こそが、まずは最も大切だと思っています。なぜなら、ASD傾向のある子どもに「相手の気持ちをわからせる」ことはとても難しいのですが（その場の説明の理解はできても）、「状況が順序立てて把握できないからこそ、相手の意図がわからずこのような言動をしてしまう」子どもと捉えることで、声のかけ方や関わり方の方向性が違ってくるような気がするからです。そうなると、これまでと別の方法を検討する先生もいるかもしれません。例えば、視覚優位の子どもであれば、簡単なイラストを描きながら原因と結果を一緒に考えたり、双方の気持ちを検討したりなど。ただし、学級の他の子どもたちも同じくらい大切なので、一人のために多くの時間を取ることがとても難しい現場なのですが、先生方のちょっとした「工夫」に感嘆することが多くあります。

3．事例3　LD傾向のある小6 Cさん

Cさんは、小1から漢字の定着が難しいことを当時から現在まで学校で引き継がれています。授業中は話を聞けて発言もし、家では保護者と一緒に宿題もしていますが、特に漢字の定着が難しい状態です。

事例概要

　教師：学校での様子は宿題もしっかりしてくるし、授業もきちんと聞いているし、その場で書くと時間はかかりますができることが多いんです。穏やかで、たまに拗ねることもありますが友だちと大きなトラブルがあるわけでもなく、取り立てて困り感があるようにはみえません。ですが、テストになると話が少し違ってくるんです。前回の授業後にした小テストはできていたり、前の日の夜に保護者さんと一緒に練習していた漢字が、次の日のテストになると書けないんです。理解力もあるし、授業中に良い発言をしてくれることも多いのですが……。

　もう1つ気になっていることは、ノートがなかなか取れないことです。遅いですね、漢字の一部が欠けていたり、間違っていたりすることもあります。連絡帳もすぐに書けず、持って来ないこともあります。よほど字を書くのが嫌なんだと思いますが、でもこれから字を書かずに過ごすわけにはいかないので、少しずつでも書けるといいなと思い、隣で指導すると遅いですがなんとか書けます。ですが、すべての時間でCさんの個別指導をするわけにはいかないので、そこが非常に困っています。

＊＊＊理解を深める問い＊＊＊

　先生ならどのような対応をされますか？

```



```

　今まで直接聞いた子どもたちの声を以下にまとめました。

Cさんの視点

　書くことが苦手です。まず、黒板や教科書を写すときにも、他の子だったら文章を覚えてパッと書くと思いますが、自分は覚えても文字にするときに字を書くことに集中してしまって、途中で何を書こうと思ってい

たのかわからなくなります。見た字をそのまま書くことが難しいです。どういうことかというと、見た字を思い出して書くことができないので、一画一画確認して書く感じです。細かいところまで覚えていないので、何度も書いた簡単な漢字以外はなんとなく "こんな形だったかな" という状態で書くので、線が一本抜けていたり、似たような別の漢字の部分を書いたりしてしまいます。読むことはそんなに苦手でなく文章の中での漢字も読めますが、書くことがとても苦手です。書くときに一つひとつの線を確認しながらでないと書けないので、面倒だしとても疲れます。字も汚いとよく言われます。形が取りにくいこともありますが、漢字も思い浮かばず書くこと自体も苦痛なので、平仮名が多くなり早く書くと雑になります。漢字を使って丁寧に書こうとすると一つひとつの線を確認して写すのでかなり時間がかかります。他の人が普通にできることを自分は全くできないので自分の能力の低さが嫌になり、このままやっていけるか心配です。でも、周りからはもっとたくさん練習すればできるのにとか、怠けているんじゃないかと言われることもあります。完璧にはできていませんが、そんなに怠けてはいないと思います。でも、そうなると余計自分の能力が低いということになるので、何をやってもうまくいかない気がします。頑張ってと言われても、どう頑張っていいのかわからず辛いです。

　ここでは、「書く」ことが苦手な子について説明しましたが、その他に「読む」「計算する」が苦手な子どもたちもいます。この部分だけが、他の領域に比べて飛び抜けて苦手なので、周囲と本人の理解が進まないときには、本人の悩みはとても深くなり自己肯定感が下がってしまいます。その場合、「学習性無力感[6]」という自分は何をやってもダメだというような状態に陥ってしまうこともあります。そうなると、何かやろう

6　学習性無力感：失敗体験の連続により、「自分はなにをやってもできない」と思い込み、意欲を消失してしまう状態。

という気持ちが湧かなくなり、漢字以外のところにも影響が及んでしまいます。これは二次的な問題ともいえ、子どもの成長の妨げになりかねません。そうならないためにも、本人の努力不足か、努力しても難しい部分なのかを日常生活の中で確認しながら、できることを限定し少し時間をかけて（なぞりや計算カード、口頭での確認なども含む）、それを周囲とのバランスを取りながら進めることや、苦手な学習部分以外での子どものよさを学級の中で認めていく関わりも子どもにとって重要な教育的対応になると考えています。

第3章　事例から学ぶ（2）：保護者を理解する

保護者の視点

　以下では、保護者の視点について第2章の事例を通して考えてみます。

1．事例1　ADHD傾向のある小1 Aくんのお母さん

> 現在小1のAくんは、保育所でじっとできず立ち歩き、活動に取り組めない状態で、4歳の時にADHDの診断を受けました。保育所では、担任と支援の先生が連携して促しなんとか活動に参加していました。

Aくんの現在の様子（小1）

　Aくんは保育所のころから座って活動に取り組むことや、自由遊びから別の活動への切り替えが難しかったのですが、小学校に入学しても変わりませんでした。保育所では、Aくんが部屋を飛び出して別の場所に行ってしまうと支援の先生が付いていきお話をしながら教室に戻り、その後担任の先生がAくんに今行っていることに誘う声かけをして、その活動を支援の先生と一緒に取り組むという流れが多かったようです。小学校入学後も支援の先生が1週間に数時間付いていますが、全授業で個別に支援することはできません。

　保育所・幼稚園と小学校とのギャップは大きく、入学後の落ち着かない様子は「小1プロブレム」と呼ばれることもあります。その違いの例として、以下のような内容が挙げられます。

・1学級の子どもの人数が増える
・生活の場としての育ちから学習の場としての習得へと移行する
・すべての学習時間が決まっている
・1時間ごとに学習内容が変わる
・一斉指導による言葉の指示が多くなる

・支援の先生が個別に付かない（地域ごとに制度が異なります）　など

　支援の必要な子どもは保幼少のギャップがより大きくなると考えられます。

　Aくんにとっても同様だったようで、入学当初は教室で頑張って授業を受けていましたが、次第に離席や離教室が増え、教室で学習や活動をする回数が減っていきました。支援の先生がいないときに離教室があった場合、担任は職員室に電話をかけて、そのとき職員室にいた先生がAくんの対応をする状態が続いていました。最初担任はAくんのお母さんに、「最近少し落ち着かないようです」と伝えていましたが、遅刻や忘れ物も多く、学習に取り組めない状況が重なってくると担任も困ってしまい、学年主任などに相談しました。その後、学年団の話し合いで、何とか保護者の協力を得て状況を改善する方向に進めていくことが決まりました。担任は協力を得るため、お母さんに状況を詳しく説明し、「まずは、生活リズムを整えることから始めていきましょう」と提案しました。お母さんは承諾しましたが、その後も状況は変わらず、学習も遅れがちになり、友だちの輪からも少しずつ外れていく様子が見られ始めました。そこで、担任は電話でも宿題などを家で取り組むよう促してもらうことを依頼しました。

　状況が変わらない中、校内検討会では、このままだと学習についていけず、余計に本人が辛い状態になってしまうため、次年度から個別支援をしてもらえる特別支援学級に入級するのはどうかという提案もありました。このころからお母さんは参観日や懇談の欠席、担任からの電話に出ないことも増えていました。家庭訪問をした担任が特別支援学級のことを医療受診とともに提案すると、お母さんはとても困惑し「考えてみます」と言いましたが、その後担任には、「子どもはこんなものですから」「いずれ落ちつくと思うので大丈夫です」と繰り返すようになりました。特別支援学級の入級を検討する教育支援委員会の開催日の日程の都合上、もし希望があるなら医療受診や資料の作成を急がなければいけま

せん。担任から何度かお母さんに連絡しますが、十分な話が聞けません
でした。

＊＊＊理解を深める問い＊＊＊

　お母さんはどうして先生の提案を受け入れようとしないのでしょう
か。お母さんはどのような状況であると想像できるでしょうか。

Aくんのお母さんのお話

　最近の様子　Aが小１の夏休み明けくらいから学校に行き渋るように
なり、登校時間に間に合わず毎朝先生に電話をかけないといけなくなり
ました。学校の立場として無断欠席はよくないですし、登校途中で事故や
行方不明などあってはいけないので、遅れる時は連絡しなければいけな
いことはわかっています。でも、言われたことができていない状況で何
度も電話をかけるのが苦痛でした。電話に出られた先生によっては「ど
うして遅刻したんですか？」と聞かれることもあり答えに困りました。
夕方先生から電話がかかってくると、またAがなにかしたのかな、どう
しよう…と思っていました。

　Aくんの小さいころから今まで　小さいころからAはとても育てにく
い子でした。まずじっとできないんです。怪我も多く、いつもヒヤヒヤ
していました。主人は「子どもは元気が一番。自分もそうだった」とい
うばかりで、何度も相談すると「そういうふうに神経質になるから、A
がこうなるんだ！」と最後は怒り出すのでそれ以上言えませんでした。
それは今も変わりません。保育所に入り集団活動に参加することでその
様子がさらに目立ってきました。幸い保育所では支援の先生がいてくだ
さったので、なんとか対応していただけていましたが、そのころに下の

子が生まれ、その影響もあってかAの行動はますますエスカレートして
いきました。私は主人の転勤でこちらに引っ越し、自分も仕事が変わり
慣れない状況の中、建物は違うのですが義父母と同じ敷地内で暮らすよ
うになり、今も監視されているような気がしています。保育所からもA
の落ち着きのなさをなんとかするために、何度か医療機関を紹介されま
した。そのたびに主人や義父から反対を受けました。そして、結局は私
の子育てのせいだということになってしまいました。私が仕事から帰っ
て義父母宅に子どもを迎えに行き、家に帰ってから宿題をするよう声を
かけるのですが、なかなか手につかず、夕食の準備や下の子の世話もあ
り、気が付くと9時を回っています。下の子と一緒に寝させたいのです
が、私と一緒に宿題をするためには、Aだけゲームでもさせて起こして
おいて、下の子が寝てから一緒に宿題をするようになります。そうする
と、実際寝るのは10時を過ぎてしまいます。毎日睡眠時間を削って、し
かもゲームの切り替えもなかなかできないので、かなり厳しく怒らない
とやり始めないと思います。現在、行き渋りもあり朝なかなか起きれな
い状態です。私の仕事が少し時間調整できるため、下の子の保育所の登
園時間をずらして少し遅れて学校には車で送って行っていますが、その
分私の仕事の帰りが遅くなっています。

　親子関係が悪化して、睡眠時間を削って宿題をしたとしても、次の日
眠くて今度は学校に行きたくないというのが今よりさらにひどくなった
らそれが一番困ると思い、よくないとは思いながらも宿題ができない日
も多くあります。

　最近は義父母宅でかなり厳しくしつけられているようで、私が仕事帰
りに迎えに行って帰ってからは機嫌が悪いことも多いです。そのうえ、宿
題をやらせるというのは本当に気が重いです。今年の4月に主人がまた
別の地域に転勤になりました。これから何度も転勤があることから、子
どもをその度に転校させない方がいいということになり、私と子どもは
ここに残り今は私一人で子育てをしている状態で、さらに負担がかかっ
ています。主人の転勤は期間がわからず、週末にしか帰って来れないた

め余計に辛い状況です。私の友だちも近くにいませんし、仕事もしていて、息つく暇がないという感じです。特別支援学級に関しては、特に義父が猛反対で、家でしっかり勉強させればよいと言っています。学校の先生からもいろいろご連絡をいただくのですができないことばかりで、とても悩んでいます……。

2．事例2　ASD傾向のある小5 Bくんのお母さん

> Bくんは、以前からこだわりが強く友だちとの関わりも難しく、小1の時にASDの診断を受けました。現在小5ですが、班の形を作る時に隣の班の子から窓側に寄ってほしいと頼まれ即座に2回断りました。

＊＊＊理解を深める問い＊＊＊
　Bくんのお母さんの気持ちを想像してみてください。

Bくんのお母さんのお話

　先生からうちの子が友だちの気持ちがわからないと言われるのですが、うちの子もお友だちに嫌なことをされることも多いんです。以前も学校から帰ってから、ずっとお友だちにされたことを私に訴えていました。子どもの間は、こんな風にお互いに嫌なことを言ったり言われたり、けんかしながら大きくなっていくものだと思います。うちの子が私に訴えてきたとき、私から先生に知らせたりはしなかったのですが、うちの子がしたときだけどうして何度も連絡してこられるのかわかりません。よそのお子さんにも同じように一つひとつ言われているのでしょうか。もう少し、うちの子の訴えも聞いていただければと思っています。子どもには子どものそれぞれの言い分があると思いますし、喧嘩両成敗とい

いますか、子どものけんかはお互いさまみたいなところがありますよね、もう少し大らかにみてくださるか、細かく言われるならよそのご家庭にも同じように言っていただきたいと思っています。

3．事例3　LD傾向のある小6 Cさんのお母さん

> Cさんは、小1から漢字の定着が難しいことを当時から現在まで学校で引き継がれています。授業中は話を聞けて発言もし、家では保護者と一緒に宿題もしていますが、特に漢字の定着が難しい状態です。

＊＊＊理解を深める問い＊＊＊
Cさんのお母さんの気持ちを想像してみてください。

Cさんのお母さんのお話
　うちの子はよく頑張っていると思います。帰ってから宿題もしますし、先生から漢字の定着がよくないと言われて親子で一緒に勉強したりもしています。前日に覚えていても、なぜかテスト当日になると覚えたことが書けないんです。記憶力が悪いのかと思ったりもしましたが、以前のことや他の勉強は覚えていることも多く、決してすべての勉強が苦手で記憶力が悪いわけではありません。もちろん、怠けているわけでもありません。何回やってもできない……と言うわが子をみていると辛くなります。最近は、どうせ自分なんて……ということが増えてきました。なにをやってもできないという思いを持っているようです。運動や理科とか好きな勉強もあるので、全部ができないということではないのですが……。今子どもにどうしてあげたらよいのかわかりません……。

4．保護者の困難感のプロセス

発達特性の受容段階

　最初に、保護者の方が発達特性にどのくらい気づいているのかという段階から検討していく必要があると思います。家族に似たような傾向の方がいる場合、「子どもはこんなものだ」という雰囲気が家の中で感じられることもあります。

　お母さんが学校の先生と話すうちに、以前から発達の遅れが気になっていたことから、家族に医療受診の提案をしたところ、「子どもは小さいうちはこんなものだ、神経質過ぎる」と言われたと何度も聞いたことがあります。このとき、家族に子どもの発達特性をいかに理解してもらうかということももちろん必要です。一方、それが難しい場合に、周囲が気にかける必要があるもう1つ大切なこととして、保護者理解が挙げられます。

　保護者理解の1つとして、障害受容の段階が今どのくらいかという視点も大切です。障害受容はショック→否認→悲しみと怒り→適応→再起（Drotar, et al, 1975）のように（図5）段階的に時間経過とともに進んでいく場合ばかりではなく、図6のようにらせん状に行きつ戻りつしながら少しずつ受け入れてくモデルの方が実際に近い気がします。そうなると、まだ受容できていない、あるいは気づいているけれども認めたくない段階であれば、すぐ協力を得るこ

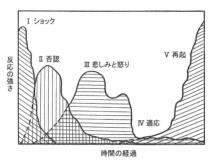

図5　障害受容の段階説
（Drotar, et al：1975より引用）

図6　障害受容のらせん状説
（中田：1995より引用）

とは難しいかもしれません。その場合、まずは子どもの状況を少しずつ共有する段階になると考えられます。同時に、関係形成を検討する必要が生じるかもしれません。先生から、それまで関係はよかったのに発達特性の話を出してから関係が崩れてしまった、ということを聞くこともあります。このような時は、障害受容がまだ進んでいない段階だと思いますので、関係を築きながら保護者の困り感を聞くことから始める必要があるかもしれません。

5．保護者の方へ

最初に家庭でできること

　発達特性のある子どもさんは、とても育てにくいタイプに分類されることが多い傾向があります。発達の凸凹があるので、現象として当然ともいえます。また、家庭に発達傾向のみられる方がいる場合、先述したように、小さい頃はそんなものだ、時には親の育て方が悪かったなどと心無いことを言われることもあり、辛い状況もあると思います。

　子どもが小さいと発達の標準が気になり、そうすると苦手なことに焦点を当ててしまいやすくなります。しかし、子どもが成長するにつれて、子どもも頑張っていてそれでもうまくいかずに苦しんでいることを理解したり、子どもなりになんとかやっていると思える保護者さんが増える印象を持っています。

　子どもの成長発達を促すことはとても大事です。そのためには、子どもの得意や不得意などを場面とともに観察することから始めるのも1つです。観察するときのポイントは、「～～が苦手だ」「～の話をしているときは笑顔だ」などの行動になります。その際、「～ができていないからダメだ」「～ができないのは、自分の子育てがよくないからだ」というマイナスの評価は観察の中に含まないでいただければと思っています。あくまで、"わが子の専門家"としての観察にとどめます。そして、可能ならときどき、会話とともに「対話」といえるような応答的なやり取りがあるとよりよいと感じます（対話については、第6章参照）。

自分を少しだけ認める

　もうこれ以上頑張れない状況の時もあると思います……。ここまで十分頑張ってこられたのですから。これからは、もう少しだけ肩の力を抜いて、お父さん、お母さんがほんの少し楽になる方法を探していけるとよいのではと感じます。大人になったときにわが子が自立して生活できるように今できることを増やさなければと思えば思うほど焦りが生じ、子どものできていないことや悪い面が目に付くこともあるかもしれません。ですが、子どもは友だちや先生、あるいは学校以外の方との関わりの中で成長の早さは違いますが育っていきます。変わらない部分もあるかもしれませんが、数年前の子どもの様子と照らしてみるときっといくつもの成長がみえてくると思います。

　今の目標を少しだけ下げて、子どもさんの素敵な面が見える色付きサングラスをかけるイメージです。

　そして……、誰かがどこかで頑張りを見てくれているような気がします。ここまで自分なりにできる限りのことをして子どもを育ててこられたのは、お父さん、お母さんです。うまくいかなかったときも多々おありだったかもしれませんが、今ここで少し立ち止まり、深呼吸をして、自分を認めてあげていただきたいと思います。私からも一言……。

　「ここまで本当によく頑張ってこられましたね……」

　ほんの少しだけ……、まずは今日一日……、何度も途中で休憩しながら一緒に少しずつ進みましょう。

第4章　教師を理解する

　教師にとって発達特性を持つ子どもの対応がどうして難しいのでしょうか。まずは、これまでの研究からその内容を整理して紹介します。

１．教師の困難感

これまでの研究

　ADHD傾向を持つ子どもに対する困難感として、授業中の立ち歩き、課題に取り組まないなどの学習指導上の問題、他の子どもとの関係や集団行動の妨げになるような衝動的行動に関する問題や学級経営の難しさなどが挙げられています（別府・宮本、2007：角南、2018など）。

　ASD傾向がある場合、パニック・感情爆発・反抗への対応、言動や気持ちの理解、集団場面での活動参加や友だち関係の問題、学習場面では学習能力と行動面の問題、生活場面では生活スキルや言葉の未熟さの問題に対して困難感が示されています（廣瀬・東條・寺山、2001など）。

　LD傾向のある場合は、有効な支援方法がわからない（廣嶌、2007）ことが主に挙げられていて、学業に関する問題といえます。教育現場では、学業に関することに当然目が向けられますが、専門家はその他にLD傾向のある子どもの視点から、集団適応や行動・情緒、対人関係にも困難感を抱えている場合があることを指摘しています（小枝、2005など）。

経験年数と困難感

　それでは、経験年数を重ねると教師の困難感は減り、対応に困らなくなるのでしょうか。

　角南（2022）の研究では、経験年数を重ね自己研修を積むごとに少しずつ発達傾向の把握や予測が進み、対応の選択肢が増えることがわかっています。一方で、子どもは一人ひとり違うことに加え（第１章、6参照）、これまでの経験に基づいて対応してもうまくいかないことが多く、発達障害を含めた子どもの理解の仕方や指導法などを変える必要がある

ことも示されています。また、経験年数を重ねると今度は学年主任など
を引き受けたり、他の学級や経験年数の少ない教師への支援、学校の中
での重要な役割も担っていきます。さらに、指導がうまくいった場合、
次年度以降に対応が難しい子どもや発達特性のある個別支援が必要な子
どもを複数名任されることも増えるようです。例えば、"昨年度対応が
難しい子や支援が必要な発達特性のある子が、○○先生のクラスで少し
落ち着いたから今年も○○先生に今対応に悩んでいる子の担任をお願い
するのはどうだろうか"といった感じでしょうか。ただし、年度によっ
ては子ども同士の相性により授業の進行を妨げるような化学反応が起き
て、学級が思わぬ方向に進むこともあるようです。

　以上より、経験年数が重なるほど対応の困難感が減少するとはいえず、
何年経っても教師の日々の努力、研修を含めた学びや試行錯誤が必要に
なると考えられます。

2．困難感の内容

　教師の困難感を、できることが増えない、学級の中での対応が難しい、
教師としての信念が揺らぐという3点から以下に説明します。

できることが増えない

　子どもが学校で"できることを増やす"ことは、教師にとって重要で
す。なぜなら、子どもの成長発達を促進する指導が教育的関与であり、
それが子どものためでもあり、また、できないことで子どもの自己肯定
感を下げてしまうこともあるからだと思います。教師としては、この学
年の1年で習得すべき学習や生活、大切にしたい価値観の共有などの教
育的な目標があり、学級集団の中でそれを進めるときには自然と他の子
どもと同じようにということが前提になるでしょう。そうなると余計一
生懸命に、発達傾向を持つ子どもを指導しなければなりません。ですが、
うまくいかない場合には結果として、教師自身の悩みが生じ、子どもも
できない自分に対して自己肯定感が下がってしまうというプロセスを辿っ

てしまうことが考えられます。

学級の中での対応が難しい

　子どもと1対1であれば話ができて学習も進むのに、学級全体での一斉指導になると対応が難しい……。多くの教師は一人の子どもに対し、時間が十分取れないことに葛藤を抱えています（角南、2022）。もっと時間が取れたらこの子に対してよりよい支援や指導ができるのに……。しかし学級に個別支援が必要な子どもが複数名いる……。筆者の研究では7名以上在籍する学級もありました。また、支援を必要とするのは発達障害傾向を持つ子どもだけではありません。複雑な現代社会において、虐待や精神疾患、情緒的問題、不登校など多様な支援を必要とする子どもも増えています。支援の先生の配置も限られていて、最初から支援対象となっていない学級も多く、どちらにしても担任が一人で学級の子どもたちを指導していく必要があります。

　そのような状況の中、教師に多くの複雑な思いが生じていました（角南、2022）。例えば、

- ・発達特性をどこまで許容して、他の子どもとどこまで違いを認め、特別扱いにする必要があるのか、その線引きが難しい
- ・対応が違い過ぎる場合、他の子どもへの説明が難しい
- ・逆に特別扱いし過ぎると他の子どもから、"あの子だけ"ということで浮いてしまうことも考慮しなければならない

トラブル対応も丁寧に行う必要があるのですが、その度に学級の子どもたちの学習を中断するわけにもいきません。学級担任として時間的制約がある中で、子どもたちといかに関わっていくのかということは、大きな悩みとなっているようです。

教師としての信念が揺らぐ

　教師の葛藤はさらに複雑な要素を含んでいると思われます。具体的には、発達特性を含む子どもの対応がうまくいかなかったり、学級全体と

しても落ち着かない場合には、教師としての専門性の揺らぎ（「自分は教師に向いているのだろうか？」）、これまで経験の否定（「なぜ、今までの経験が通用しないのだろうか？」）、子どもへの申し訳なさ（「自分の力不足のせいで子どもたちに十分な対応ができていないのではないか？」）なども語られました（角南、2022）。発達特性のある子どもが学校でうまくいかないとき、同時に教師にも複雑な思いや辛さが生じ、悩んでいることがわかります。

第5章　居場所感と自己肯定感を育む関わり：
学校現場から

　それでは通常学級という多数の子どもがいる状況で、発達特性のある子どもに対し教師はどのような工夫や関わりを行っているのでしょうか。子どもの居場所感と自己肯定感に着目し、教師の具体的な関わりについてみていきます（ただし、名前はすべて仮名とし個人が限定されないよう内容は一部改変しています）。

1．森山先生とASD傾向がみられる小2ミチちゃん

　ミチちゃんは、自分が気に入らないことがあると友だちを叩いたり、暴言を吐いたりと自分勝手に見える行動が続いていました。

トラブル時に自己肯定感を育む

　トラブルの多いミチちゃんの指導も大切です。その日もミチちゃんは、友だちが給食の配膳に並んでいる順番を抜かし途中から横入りして列に割り込みました。友だちから横入りについて注意されると、怒って友だちを叩こうとしました。ミチちゃんを気にかけて見ていた森山先生はすかさず
　「はい、ストップ！　待て。ここはあなた並んでたの？」
首を振るミチちゃんに指導すると、
　「うーん」
と納得しない様子です。それを見た森山先生は、ミチちゃんを廊下に連れていきました。以下は、その時の「対話」の一部です。

森山先生	どうしてそうなっちゃった？（怒ってたら）どうして怒ってるの？
ミチちゃん	○○ちゃんが〜〜ってやってきた。
森山先生	そうか、そりゃあ腹が立つよなぁ。で、あの、でもなんか

　　　　　　　　悪いことがある？なにか自分では悪いことなかったの？
　ミチちゃん　　（自分の腹が立っていたことをわーっと話す）
　森山先生　　　そうか、分かった分かった、それはいやだよな。先生で
　　　　　　　　もそれは腹立つわ。
　　　　　　　　（その後で）あの、自分では悪かったことない？
　　　　　　　　……どう？……ある？
　しゃべりだすまでに時間がかかるときがあり、森山先生がしばらくだ
まっていると
　ミチちゃん　　　……ある……

　このような関わりの積み重ねによって、トラブル時に森山先生から自
身の考えや思いを認められ、少しずつ自己肯定感が育まれたと思われま
した。学年末のミチちゃんは学級の子どもや先生方から「まるで別人」
と言われるまでに変わったようです。
　もう1つの森山先生の学級での関わりを紹介します。

活躍する場面を作る

　夏休みの課題で描いてきたミチちゃんの絵が素晴らしく、学級の子ど
もたちも次々にその絵を誉め、図工の授業中にミチちゃんの絵について
感想を言う子どもが何人もいました。その後で、空想画を地域で応募す
るコンクールがあり、前回の図工から注目されていたミチちゃんの絵を
子どもの推薦もあり学級代表として出すことにしました。ミチちゃんの
世界を表現するのに、色彩豊かな絵は適していたのでしょう。その絵は
コンクールで入賞しました。森山先生がミチちゃんに伝えると大変喜び、
先生は学級会のときにミチちゃんの表彰式を行いました。ミチちゃんは
珍しくみんなの前で、どのような思いでこの絵を描いたのかを発表しま
した。そして、1か月後に学ぶ予定の図工の教科書に夢の中の絵に関連
する内容があったため、森山先生はそのことを事前にミチちゃんに伝え、
二人でその授業を楽しみにしていました。これまで、友だちに注意され

ることが多かったミチちゃんは、夢についてたくさん発表し、悩んでいる友だちにどのように描けばよいのかをやさしく教えてあげました。ミチちゃんに気軽に話しかける子どもの様子を森山先生は何度か見かけるようになりました。そのころからミチちゃんは友だちに対する暴言・暴力が少なくなってきたそうです。

　あとで森山先生にお聞きすると、「どこかで認められることが必要なんでしょうね」と話してくださいました。それ以降、ミチちゃんは少しずつ他の授業でも発表したり、友だちと一緒に活動に取り組む場面がみられるようになってきたようです。

　子どもの居場所感を自己肯定感とともに育むことの大切さを改めて感じました。

2．青柳先生とADHD傾向のある小３コウくん

　青柳先生の学級には、発達特性があり学習に向かえない状況の子どもが複数名いました。その中の一人のADHD傾向があるコウくんは、教室で椅子に座って授業を受けることがとても難しい状態でした。4月当初コウくんは、授業中に立ち歩いて友だちの頭を叩いたり、友だちの勉強道具を机から落としたり、話しかけたり、時には友だちと言い合いになりけんかに発展することもありました。

＊＊＊理解を深める問い＊＊＊
　もし青柳先生の立場なら、これからどのような対応を検討しますか？

　青柳先生は、1学期の間、学級の子どもたちが怪我なく過ごすことを目標にしました。そのために、授業中はコウくんが他の友だちのところに行ってけんかにならないように先生の横で、ときには手を持って授業を

図7　4月の青柳先生とコウくん

進めていました（図7）。そのくらい目が離せない状態が続いていました。

　保護者も、家では穏やかに過ごしているのに、どうして学校では周りに迷惑をかけるのかわからず困っていました。そのため、夏休み中に青柳先生と相談し、医療受診をすることになりました。その後、医師からADHDの診断を受けましたが、保護者の意向により服薬はしないことになりました。発達特性の傾向があることがわかった後に、何か急激な変化がみられるわけではありません。2学期に向けて、発達特性に合わせた関わりが必要ということで、青柳先生と私は相談していくつか作戦を立てました。以下に、その1つを紹介します。

友だちからの評価を変える

　それは、現在のコウくんに対する友だちからの見られ方を"先生に度々注意される子"とした場合、今後"先生に認められている子""学級のために働いてくれる子"という見られ方に少しでも変わるよう働きかけることでした。

　具体的には、じっとしていられず教室を歩き回る行動に着目し、先生のお手伝い係になってもらうなどです。黒板に大きな模造紙を貼るときに「コウくん手伝って」と青柳先生がいうと、コウくんはさっと先生の横に行き、黒板の端に縦に並んでくっついている磁石をいくつか持って青柳先生にタイミングよく渡していました（図8）。その連携の見事なこと。

図8　9月の青柳先生とコウくん

ADHDの子どもは、考えるより早く体が動くこともあるくらい行動力があります。青柳先生は、プリントを配ったり、ホッチキスを止めたりなど授業中のいくつかのお手伝いをコウくんに頼みました。そして、みんなのために働くコウくんに向かってその場で「コウくん、ありがとう！」と笑顔で伝えました。コウくんは満足そうな顔をして手伝いが終わると、自分から席に着くようになりました。その様子を見ていて私は、教室の中にコウくんの居場所感とそれに伴った自己肯定感が以前より少し増えたように感じました。

トラブル時に関係性を形成する

　ただし、いつも席に着けるわけではありません。相変わらずトラブルも多く、友だちの言い分や説明に納得できないコウくんは休憩時間も怒ったままのときも多々ありました。青柳先生は休憩時間でも、移動教室の前でもその都度時間をかけてコウくんの話を聞き、気持ちを受け止めてから相手の気持ちや状況を説明していたようです。私が伺ったときも何度かトラブルがあり、その時も話をしていました（図9）。その後、最後に残ったコウくんが移動教室に向かって歩きながらうれしそうに青柳先生に話しかけている様子を後ろから眺め、胸がいっぱいになりました。

図9　トラブル時の対応

居場所感と自己肯定感を育む学級経営

　このような心理面での支援とともに、青柳先生が当初から進めていた学級経営の1つが"多様性を認め合う学級"でした。例えば、学びの環境であれば、子どもがそれぞれ自分に合った学びの形を持っていて、それを学級のみんなが認め合う環境を作るというものです。図10のように、机の向きが違っていてもその方が周りの様子が気にならず集中できるの

図10 それぞれの学びの形

であれば、自分に合った形で学びに参加することができます。このことはきっと、学習環境という目に見える机の配置にとどまらず、学級の子どもたちの価値観にも影響を及ぼしていたと思われました。

　2学期に伺ったとき、コウくんは自分の席に着いて授業を受けていて驚きました。これまでの筆者の経験から、子どもに対する先生の指導や対応を学級の子どもたちはじっと見ていて多くを感じ取っているようです。困難な状況の中でも、青柳先生の丁寧な関わりの蓄積により、コウくんの学級の中での居場所感と自己肯定感が少しずつ形成されていったからではないかと思いました。

　3学期にもコウくんは友だちと喧嘩をしていましたが、その後の休憩時間には仲良く遊んでいました。喧嘩の直後にはもちろん青柳先生が丁寧に関わっていましたが、その回数と対応時間は1学期からかなり減り友だちもコウくんを学級の中の個性ある友だちの一人として変わらず自然に関わっているように見えました。3学期末に書かれたコウくんのお別れのメッセージには、表にも裏にも青柳先生に対する感謝の気持ちが記されていました。

　森山先生、青柳先生は、トラブルが多い場合においても子どもの居場所感と自己肯定感を育むような関わりを個別と学級の両方で行っていました。加えて「対話」を大切にしている印象を受けました。発達特性があってもなくても、子どもとの「対話」の大切さを感じます。

第6章　子ども・保護者との対話：
　　　子どものために何ができるか

　最後にこれまで述べてきた「対話」について、子どもと保護者それぞれに対する具体的な方法の一例を説明します。

１．子どもとの対話

　第2章で、Aくん、Bくん、Cさんについて、子どもの立場からの事例の受け止め方を紹介したように、それぞれが特性の影響を受けながらいろいろな捉え方をしています。ADHD傾向のあるAくんであればわかっているけどやってしまう、ASD傾向のあるBくんであればそもそもの捉え方が周囲と違う、LD傾向のあるCさんであれば一部の苦手が学校生活や心理面にも影響を及ぼしている様子が伝わったと思います。これこそが発達特性であるといえます。ただし、発達特性を持つ子どもに周囲がすべてを配慮し支援できるわけではありません。他の子どもたちも同様ですが、今後の自立も視野に入れると、どの子も成長できて周囲にとってもよりよい方向性を探っていく必要があると思います。その方法の1つが子どもとの「対話」だと考えています。

どのように対話すればよいのか

　この「対話」は実はとても難しいことです。なぜなら大人は、その子にとってよりよいことを早くさせてあげたい、できれば失敗する前に、と考える傾向があります。それが子どものためとの思いからです。ただし、子どもが考える力、生きる力を身に付けるためには、プラスαの検討もあるとよいのではと思います。それが、この「対話」です。「会話」でない点がポイントなのですが、その違いは、「会話」は思ったことを気軽に言い合ういわば"おしゃべり"に近い感覚です。「対話」は対等な立場で相手と向き合い、言葉を通して"相手を知る"ことだと考えます。
　基本的な「対話」のコツを、オープン・ダイアローグ（斎藤、2019）

を参考に以下に挙げてみます。この方法は、発達障害のある方の家族にも有効であることがわかっています。

　本書で扱う「対話」の目的は以下になります。

【子どもとの「対話」の目的】
・対等な立場で相手と向き合い言葉を通して「相手を知る」
・子どもが現状を落ち着いて考えることができる

　これらの目的のための対話を２つのステップに分けて、先述の森山先生とミチちゃんのやり取りを参考に説明します（第５章、１）。

【ステップ１】子どもは何を言ってもよい（注意・指導されない）
①子どもの行動の理由を聴く（話を最後まで遮らずに聴く）
②子どもの気持ちを聴く（共感的に聴く）
③子どもが落ち着いたことを確認する（表情、呼吸、肩の動きなど
　を観察する）

　給食の配膳時に友だちが並んでいる列に横入りしたミチちゃんが、注意した友だちを叩こうとした場面について、森山先生から語られた最初の言葉は

　「責めない、やったことを」

でした。明らかにミチちゃんに非があるにもかかわらず、です。森山先生のミチちゃんへの最初の言葉かけは

　「どうしてそうなっちゃった？」

という行動の理由を尋ねる内容でした。怒っている場合には

　「なんで怒ってるの？」

と怒っている理由を尋ねています。……①

　ミチちゃんは相手が悪かったことを訴えます。ですが、本来はミチちゃんが横入りしたことが原因なのです。それにもかかわらず、森山先

生は指導ではなく共感的に

　「そりゃあ腹立つよなぁ」……②

と応答しています。これは①とも対応していて、森山先生は①の中で、ミチちゃんの"気持ち"を能動的に聴き取っていました。

　このやり取りを何度か繰り返すことで、時間をかけて［③子どもが落ち着いたことを確認する］に進んでいることがわかります。

　つまり、【ステップ1】では、子どもが自分の考えや思いを言葉にすることが大切で、次に聞き手が受け止めることにより子どもが自身を認められたと感じ、その後状況を落ち着いて考えることにつながると考えられます。

その後、【ステップ2】に進みます。

　【ステップ2】ともに検討する

　④状況を確認する（問いかけながら実際の状況を探る）

　⑤今後について一緒に検討する

　⑥すべきことより「次に～できるといいね」

　森山先生は、この後で

　「自分では悪かったことない？」……④

と尋ねています。

　ここで改めて、状況を確認する④が行われています。森山先生は具体的な指導ではなく、しゃべりだすまでの時間をしばらく待っていました。④～⑥は状況に応じて使われることになるでしょう。

　先生の考えを伝えるのは、本書で扱う「対話」の流れでは、【ステップ2】以降になります。

　「対話」的な応答は忍耐力と時間を要する関わりだと思いますが、こ

のような関わりを続けた結果、1年後にミチちゃんは子どもたちや他の先生から「まるで別人」といわれるようになりました。ASD傾向のあるミチちゃんは医療受診や特別な支援を受けず、森山先生との関わりの中で居場所感と自己肯定感が育まれ、少しずつ少しずつ変わっていたのだと感じました。

　すべてがこのようにうまくいくことばかりではないですが、子どもを理解するために「対話」を続けることには、目に見えない、それでいて大きな力が備わっているような気がします。

２．保護者との対話

　保護者に対しても、「対話」の基本は同じです。目的は対等な立場で相手と向き合い言葉を通して「相手を知る」ために、相手の考えや思いを聴くことです。保護者とお話しているとき、子どもの話を聞きたいが子どもが話してくれない、というものがあります。よく聴いてみると、子どもが話し出すとすぐに親の考えを言ってしまっていたとのことでした（もしかしたら、子どもからすると「対話」ではなく「説教」と感じるかもしれません）。対話は難しいプロセスだと思います。

　保護者との「対話」の目的は以下になります。

> 【保護者との「対話」の目的】
> ・対等な立場で相手と向き合い言葉を通して「相手を知る」
> ・保護者の現状と考えを聴く

　ステップも子どもと同様に２つ設定しています。

　【ステップ１】では最初に保護者の状況を問いかけます。その時に、教師の考えを間に挟まず、どんなにマイナスなことや状況と異なる考え、不満を言われたとしても、「対話」的に聴くことが大切になります。「対話」的とは、相手が"思ったことを自由に話せる"中で進められます。それができて、話し手は自身の状況を整理することができると考えられま

す。今後の検討などは【ステップ2】で行います。

【ステップ1】保護者は何を言ってもよい
①子どもと保護者の現状を聴く（話を最後まで遮らずに聴く）
②保護者の気持ちを聴く（共感的に聴く）
③保護者が落ち着いたことを確認する（表情、呼吸、肩の動きなど
　を観察する）

　【ステップ1】では、最初に保護者の考える状況を「知る」ための問
いから始まります……①。途中、［保護者の気持ちを聴く］ことができ
るとよりよいと思います……②。そのような「対話」を続けていくうち
に、語りの過程で保護者が自身の考えや気持ちを整理していくと考えら
れます……③。
　もしかしたら、【ステップ1】に時間と回数をかけることが必要な場合
もあるでしょう。何度か「対話」的にお話をお聴きし、保護者がこちら
側の考えも聴こうする雰囲気が感じられる瞬間があれば、そのときに、
【ステップ2】に移ることができると理想的です。

　【ステップ2】で、今後の検討に移ります。

【ステップ2】ともに検討する
④"子どもにとって"よい方向性をともに検討する（ともに探る）
⑤学校と家庭それぞれで「少しできそうなこと」を検討する
　（その後、子どもが少しでもできたことや努力したことがあれば共
　有する）
⑥感謝の気持ちを伝える

　今後の検討としての【ステップ2】では、"子どもにとって"よい方向
性を"ともに探っていく"ことを中心に「対話」を進めていくイメージ

です……④。

　次に、[学校と家庭それぞれで「少しできそうなこと」を検討する] こ こで具体的な検討を少しずつ進めます……⑤。正解はないですので、状 況と発達、時期や性格、得意不得意等も考慮しながら、そのときに必要 なことを少しずつ試していくという感じもよいかもしれません。

　学校に呼び出される、先生から話があるといわれる場合、大抵は学校 で困っている内容になります。忙しい中、気が重い状態で子どものため に来られた保護者への労いを含んだ感謝の気持ちを伝えることも大切な 「対話」のように感じます……⑥。

＊＊＊理解を深める問い＊＊＊

　もし自分が保護者の立場だったら、学校で問題がみられるわが子につ いて話をするときに、どのように先生に関わってもらえるとうれしいで しょうか。

第7章　まとめ

1．保護者と教師の視点の違い

保護者の視点

　"今" の "わが子" をみていると感じています。しかも、"わが子" に関しては生まれたときから育てている "わが子" の専門家です（ただし、わが子であっても理解は難しいのですが…）。例えば、

　"今" 家ではそれほど困っていない
　"今" は子どもだったらそれくらいする時期
　"今" 学校にも嫌がらず通っている
　"今" うちの子も友だちに嫌な思いをさせられている
　"今" はこのような状態かもしれないけどもう少ししたら落ち着く
　"わが子" に対して先生がもう少し理解してくれたら
　"わが子" だけのクラスでないとわかっているけれど、でも学校のことは親が手出しできないから学校で何とかしてもらいたい……

　親だからこその願いだと思います。きっと逆の立場なら、同じように感じることでしょう。

教師の視点

　"今後" と "集団" の中で、将来の自立と社会生活を見据えた教育的観点から子どもをみている印象です。

　"今後" "集団" の中でこの子が困らないように……
　"今後" このままだとこの子は "集団" の中で友だちの輪から外れて辛い思いをするだろう……
　"今後" 今何もしなければ将来社会という "集団" の中で苦労するだろう……

親が"わが子"の専門家なら、教師は"教育"の専門家です。教育の専門家として学級全体をみながら、学校での教育や集団活動の様子に基づいて、"今後"の子どもの将来を見据え、社会を含めた"集団"の中での"教育的対応"を念頭に置いて関わっている先生が多いと感じています。

　そうなると、視点が全く違います。

　"今"と"今後"、
　"わが子"と"集団"

　これらは正反対ともいえるからです。この差を埋める1つのキーワードが、両者が根底に持っている

　"子どものために"

という共通の思いです。このキーワードに基づくと共通の内容について検討できるのではないかと思っています。これまで多くの先生方や保護者の方とお話する機会がありましたが、うまくいかない場合には必ずといっていいほど小さな"行き違い"がありました。
　子どもの視点で付け加えるとするなら、思春期になるほど"どちらも自分のことをわかってくれていない"と感じることが多い気がします……。難しいですね……。

2．"今"と"今後"を結ぶ「短い目」と「長い目」

　"今"と"今後"は、時制で捉えると現在と未来という全く違う見方になります。この2つを結ぶ考え方の1つが「短い目」と「長い目」かもしれません。子どもの教育に関しては、「短い目」で"今"できることを増やすということは重要です。それは保護者の方も同じだと思います。

それに加えて、"今後"大人になってから"その子らしく"生きられるためにはという「長い目」を「短い目」の中でも持つということです。つまり、私を含めた大人全般にいえることかもしれませんが、「短い目」でみると子どもができないことに目が向きます。ですが、できないことがたくさんあっても、「長い目」でみれば後々になってもっと大切になることが他にもあるかもしれません。それは人によって価値観が異なっていると思いますが、例えば

　"他者を信頼できる"
　"他者にわからないことを尋ねることができる"
　"してもらったことに対してお礼がいえる"

なども重要だと思っています。そして、「長い目」でみることで、できることが増えるという「短い目」ではみえなかった"なにか"がみえるような気がするのです。それは、例えばその子が本来持っている行動としては表れていないかもしれない優しさなどの性質も含んでいます。

3．発達障害傾向のある子どもに関わるということ

　発達特性がある子どものよさを心から感じることがこれまで多くありました。カウンセリングに数年通ってくれていたADHDとASDの診断を受けている高校生のFさんがいました。卒業する前の最後のカウンセリングのときでした。歌を歌うのが好きで、カウンセリングのときにも何度か聴かせてくれていたのですが、その日はいつもと違いました。リュックにスピーカーを入れていて、スマホにつないで音源だけを流し、"お別れの歌"を歌ってくれました。私は、涙が止まりませんでした。なぜなら、人の気持ちがわかるのが苦手なASDの特性がある方が、感謝の気持ちを伝える方法として"私のために"心を込めて歌ってくれたのですから。涙を流す私に、「先生はこれまでこんな別れが何度もあったでしょう？」と気遣ってくれました。これが、他者の気持ちの理解が難しい方

の言葉でしょうか。最後に、「別れは終わりじゃなくて、始まりだから」と悲しむ私を慰めるように言ってくれました。特性とは何なのでしょう。こんなにも温かい気持ちを持っているのに……。

Fさんが以前言っていた言葉が思い出されます。

「学校で騒ぎを起こしたり、先生に反抗したりしてるけど、今角南先生の前にいる自分が本当の自分なんです」

それは、カウンセラーとしての私の理解が根底にあったからかもしれません。そして、もう一つ挙げることがあるとすれば、Fさんの内面にある多くの"可能性"と"良さ"を感じ取り、信じていたことです。

最後に、"心理学のモーツァルト"と呼ばれ、新たな障害学を築いたソビエトの心理学者ヴィゴツキーが視覚障害児について述べた言葉を発達障害児に代えてお伝えしたいと思います。

「私達は発達障害児ではなくて、何よりもまず子どもを教育しなければならない」

一人の大切な子どもに周囲の大人がどのように関わることができるのか、このことを検討する重要性はいくら強調してもし過ぎることはないと感じています。

おわりに

　発達障害傾向を持つ子どもは、他の子どもとは少し違った「回り道（ヴィゴツキー、2006）」をしながら同じ目標に進んでいくと考えられます。

　発達特性のある子どもは「回り道」が必要です。言い換えると、「回り道」をしながらでなければ、目標に近づくことが難しいといえるかもしれません。なぜなら、頑張ろう！と思っても窓枠にみつけた虫に気を取られてしまい先生の言葉が聞こえなかったり、友だちと仲良くしたい！と思っても自分の考えでしか物事が進められなかったり、漢字が書けるようになりたい！と努力しても次の日にはうまく思い出せなかったり……。

　大切なのは、「回り道」をしているけれどもその子なりに目標に近づこうとしていること、もっというなら、いろいろなことができるようになりたい、そしてうまくできたら認められたいと心の底では強く願っていることに、少し「長い目」でみながら周囲の大人がどこかで気づいてあげることなのかもしれません。

　本書の刊行にあたり、日吉津村教育委員会矢倉美和子先生には、原稿をお目通しくださり学校現場および発達の観点から大変的確なご助言を頂戴いたしました。本当にありがとうございました。また、本書の表記等を細やかにご確認くださった鳥取大学地域価値創造研究教育機構清水まさ志先生、素敵な表紙を私のイメージ通りに描いてくださった同堤晴彩先生に心より感謝申し上げます。

　本書が、発達特性のある子どもさん、保護者の方、先生方それぞれの理解を深め、子どものために共通の検討ができる仲間となる小さなきっかけになれば、これにまさる喜びはありません。このことが、子どもにとっての何より大切な支援につながると思っています。

角南なおみ

引用文献

秋田喜代美・佐藤　学・岩川直樹（1991）．教師の授業に関する実践的知識の成長：熟練教師と初任教師の比較検討．発達心理学研究，2(2)，88-98.

American Psychiatric Association（2013）．Diagnostic and statistical manual of mental disorders. text revision DSM-5）．(5th ed.)．Washington, DC：American Psychiatric Pub.（高橋三郎・大野　裕（監訳），染矢俊幸・神庭重信・尾崎紀夫・三村　將・村井俊哉（訳）（2014）．DSM-5 精神疾患の分類と診断の手引　医学書院）

別府悦子・宮本正一（2007）．LD, ADHD等を有する児童に対する教師の認識と教育的対応：クラスター分析による困難状況の特徴分析．発達障害研究，29，193-202.

Drotar, D., Baskiewicz, A., Irvin, N., Kennell, J., & Klaus, M（1975）．The adaptation of parents to the birth of an infant with a congenital malformation：A hypothetical model. Pediatrics, 56（5），710-717.

廣瀬由美子・東條吉邦・寺山千代子（2001）．通常の学級における自閉症児の教育の現状：小学校通常の学級担任のニーズを中心に．国立特殊教育総合研究所研究紀要，28，77-85.

廣嶋　忍（2007）．ディスレクシアについての理解の現状：公開講座受講者を対象にしたアンケート調査より．岐阜大学教育学部研究報告．人文科学，56，205-214.

神尾陽子（2017）．自閉スペクトラム症の疫学：早期診断・支援に向けて．精神科臨床，3, 132-136.

小枝達也（2005）．注意欠陥／多動性障害と学習障害の早期発見について．脳と発達，37，145-149.

厚生労働省（2008）．政策レポート：発達障害の理解のために（file:///C:/Users/sunam/AppData/Local/Temp/01.pdf　2022年1月30日）

文部科学省（2002）．児童生徒理解に関するチェック・リスト（file:///C:/Users/sunam/AppData/Local/Temp/checklist_school.pdf　2022年1月30日）

文部科学省（2012）．通常の学級に在籍する発達障害の可能性のある特別な教育的支援を必要とする児童生徒に関する調査（http://www.mext.go.jp/a_menu/shotou/tokubetu/material/1328729.htm　2022年1月31日）

文部科学省（2017）．発達障害を含む障害のある幼児児童生徒に対する教育支援体制整備ガイドライン：発達障害等の可能性の段階から，教育的ニーズに気付き，支え，つなぐために.（http://www.mext.go.jp/a_menu/shotou/tokubetu/1383809.htm　2022年1月31日）

中田洋二郎（1995）．親の障害の認識と受容に関する考察：受容の段階説と慢性的悲哀．早稲田心理学年報，27，83-92.

角南なおみ（2017）．発達障害特性を持つ子どもの医療受診に対する教師の期待．日

本心理学会大会発表論文集，81.

角南なおみ（2018）．ADHD傾向がみられる子どもとの関わりにおいて生じる教師の困難感のプロセスとその特徴：教師の語りによる質的研究．*発達心理研究，29*（4），228-242.

角南なおみ（2020）．発達障害傾向のある子どもとその保護者に対する理解と関わり．（角南なおみ（編著）．教育相談）学文社．pp141-154.

角南なおみ（2022）．発達障害における教師の専門性．学文社.

ヴィゴツキー，L．S．柴田義松・宮坂琇子（訳）．（2006）．ヴィゴツキー障害児・発達論集．新読書社.

参考文献

Seikkula, J., & Arnkil,T,E（2014）．Open dialogues and anticipations：respecting otherness in the present moment. Cathy miller foreign rights agency.（斎藤　環（監訳）（2019）．開かれた対話と未来：今この瞬間に他者を思いやる　医学書院）

著者紹介

（著者）角南　なおみ（すなみ　なおみ）鳥取大学医学部助教

東京大学大学院教育学研究科博士課程修了、博士（教育学）。

教育心理学（学校臨床・発達障害）、臨床心理学。公認心理師、臨床心理士、臨床発達心理士。

「発達障害における教師の専門性」（学文社，2022年，単著）、「これからの教師研究：20の事例にみる教師研究方法論」（東京図書，2021年，分担執筆）、「教育相談：やさしく学ぶ教職課程」（学文社，2020年，編著）、「通常学級における発達障害研究の動向と展望」東京大学大学院教育学研究科紀要，59，105-114，2020年、「ADHD傾向がみられる子どもとの関わりにおいて生じる教師の困難感のプロセスとその特徴：教師の語りによる質的研究」発達心理学研究，29，228-242。2018年、「教室への入室が困難な選択性緘黙児への面接過程：「持ち込んだ」同一の媒介物を継続的に使用することの意味」心理臨床学研究，35，584-595．2018年など。

鳥取大学CoREブックレットシリーズNo.4

発達障害傾向のある子どもの
居場所感と自己肯定感を育む関わり

2022年3月31日　初版発行

著　者　角　南　なおみ

発　行　今井印刷株式会社
　　　　〒683-0103　鳥取県米子市富益町8
　　　　TEL 0859-28-5551　FAX 0859-48-2058
　　　　http://www.imaibp.co.jp

発　売　今井出版

印　刷　今井印刷株式会社